De la granja a la mesa

Autumn Leigh

Traducción al español: José María Obregón

Rosen REAL READERS en español

I0807984

Rosen Classroom Books & Materials
New York

El maíz crece en las granjas.

Los granjeros recogen el maíz.

Los camiones llevan el maíz a las tiendas.

Las tiendas venden el maíz.

Nosotros compramos el maíz.

¡Y luego nos comemos el maíz!

Palabras que debes saber

(el) camión

(la) granja

(el/la) granjero(a)

(el) maíz